AF340006

RÉFLEXIONS

CONTRE

LES FAISEURS DE PAMPHLETS,

OU

MON OPINION

SUR

LES ECRIVAINS A LA MODE,

LE RÈGNE DE NAPOLÉON,

La nécessité de la Religion et le rétablissement de la Royauté.

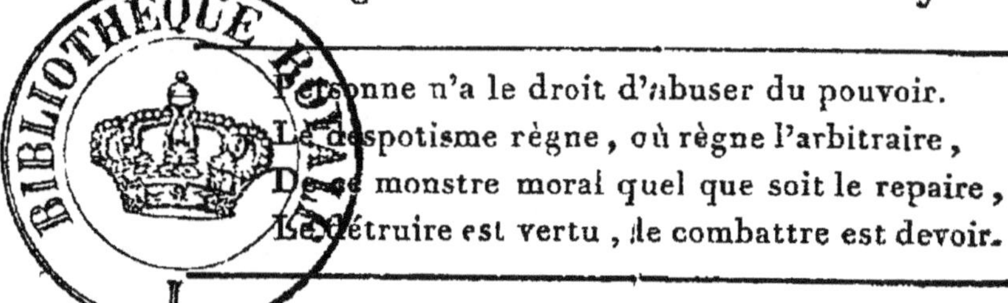

Personne n'a le droit d'abuser du pouvoir.
Le despotisme règne, où règne l'arbitraire,
De ce monstre moral quel que soit le repaire,
Le détruire est vertu, le combattre est devoir.

PAR VICTOR CRÉPIN,

Auteur d'Observations imprimées et publiées en 1811, en vertu d'autorisation de l'autorité supérieure.

PRIX : 1 franc 25 centimes.

A PARIS,

CHEZ {DELAUNAY, CHAUMEROT,} LIBRAIRES, PALAIS-ROYAL.

ET CHEZ HAY, LIBRAIRE, rue de Rivoli, N° 14.

1814.

RÉFLEXIONS

CONTRE

LES FAISEURS DE PAMPHLETS.

Sous le règne de Napoléon les gens de bien étaient dans l'oppression; ils pleuraient sur leur patrie; ils n'osaient fixer leurs yeux sur l'avenir. Qu'ils reprennent aujourd'hui courage, qu'ils sèchent leurs pleurs, qu'ils ouvrent leurs cœurs à l'espérance : le règne de Napoléon est fini, tout va changer de face.

Le jour a reparu, rien n'est long-temps extrême.

Que d'idées affligeantes va réveiller la lecture des anecdotes que je présente ici aux gens de bien! Mais, l'amertume qu'elles verseront dans leur âme sera adoucie par la certitude que les dangers auxquels ils ont échappés, n'arriveront plus; leurs esprits fatigués par le souvenir de tant de calamités se reposera agréablement sur le consolant avenir que promettent à la France les heureuses prédictions qui terminent cet écrit.

Sans doute, toutes les plaies faites aux gens de bien ne sont pas encore fermées; mais, si l'empire de la justice et de la religion s'affermit lentement, il est aussi plus durable. Le règne des méchans est un torrent, il s'écoule rapidement. Les campagnes que Napoléon a désolées, reprennent insensiblement leur première fertilité pour ne la plus perdre, parce que la paix, la douce paix si long-temps désirée, nous préserve à jamais du même fléau. Sans doute, aussi il est parmi les gens de bien, des hommes; et le nombre en est malheureusement trop considérable; il en est, dis-je, qui sont condamnés à un deuil perpétuel, il en est qui ont à pleurer des pertes irréparables. Que de veuves infortunées! Que de vieillards sans soutien et sans appui! Que d'orphelins!.... Ah! j'en conviens : il est des douleurs sans remèdes, et les gens de bien ne me démentiront pas; le bonheur dont la patrie va jouir offre un adoucissement aux malheurs de la France.

Eh! quel nouveau sujet d'alarmes pourrait-il rester aux gens de bien? Craindraient-ils les menées secrètes des anciens factieux qu'a pu laisser après lui Buonaparte? Ah! que craindre de leurs mystérieux complots, quand c'est la justice qui règne.

La noirceur masque en vain les poisons qu'elle verse,
Tout se fait tôt ou tard, et la vérité perse.

Les espérances que je donne ici à ces véritables amis de la patrie, ne sauraient donc être mieux fondée, puisque la meilleure garantie que je puisse donner de ma véracité et de mon exactitude, est l'intérêt qu'ont mes lecteurs à me trouver en défaut sur les faits; aussi, c'est avec la plus scrupuleuse circonspection que j'écris, et.....

Je songe à chaque trait que ma plume hasarde,
Que d'un œil dangereux sa troupe me regarde.

Buonaparte n'est-il pas le seul qui a consommé notre perte pendant son règne? N'est-il pas le seul qui causa tous nos malheurs? Son amour ambitieux et désordonnée pour la gloire guerrière, fut la passion dominante à laquelle il sacrifia tout. Prodigue du sang et des biens de ses peuples, il ne régna point pour eux; il ne voulut que triompher par eux. Il a forcé l'homme inhabile au service militaire, à porter un fusil sur son épaule; on la arraché à son commerce pour le traîner dans les combats que son âme déteste. Le laboureur a quitté la charrue; l'artisan son atelier, le jeune homme a déserté l'autel de l'hyménée; il a abandonné un père infirme, une mère en pleur, une amante adorée, pour grossir la foule des combattans, dont les cœurs se sont ouverts par degrés à la licence, à la férocité et à la violence. Voyez ces ruisseaux de sang qui coulent : ici vingt-cinq mille hommes sont égorgés par la fantaisie et la folle ambition de Napoléon; les voyez-vous tomber les uns sur les autres, sans nom, sans mémoire, sans être regrettés, sans être connus ? Ainsi une gelée de plus de vingt-cinq degrés fit périr la plus belle armée du monde !

Spectacle déplorable et cruel ! Ils tombent ces infortunés, ils poussent des cris lamentables vers un ciel qui semble d'airain, foulés sous les pieds des chevaux, foulés sous les pieds de leurs amis, de leurs frères, qu'ils implorent et qu'ils n'attendrissent point; ils meurent sous mille formes plus douloureuses les uns que les autres.

Il se lève, cet astre majestueux, dont tant de malheureux ne doivent pas voir le coucher. Eh ! qui s'attendrait aux horreurs du carnage ? la terre est en fleur, le doux printemps de son voile azuré embrasse les airs; la nature sourit en mère tendre, le soleil dans une majesté tranquille verse ses rayons bienfaisans qui dorent et mûrissent les dons du créateur; tout est calme, tout est en harmonie dans l'univers. Les misérables mortels, agités d'une sombre frénésie, portent seuls la fureur dans leur sein; quel nombre prodigieux d'hommes serrés l'un contre l'autre se rangent dans un ordre combiné pour se donner la mort avec art ! Instrumens aveugles, ils attendent en silence le signal; ils vont s'égorger sur le verd tendre et renaissant des prés, féroces par devoir, ils vont écraser leur semblable sans ressentiment et sans colère. Les armées s'approchent, les moissons sont ravagées, déjà la mort vole ; quel tumulte effroyable ! Toute la nature en un instant gémit des fureurs de l'homme. Entendez-vous gronder ces affreux instrumens de vengeances humaines ? Emules de la foudre et plus terribles qu'elle, ils couvrent de leurs mugissémens les clameurs plaintives des mourans ; ils repoussent la pitié qui voudrait se faire un passage dans les cœurs ; des nuages de poudre et de fumée s'élèvent vers le ciel pour lui dérober l'assemblage de tant d'horreurs. La fureur des démons, les fureurs de l'enfer se réunissent dans un étroit espace ; tandis que la foudre du ciel, en traversant notre athmosphère, prend rarement plus d'une victime et nous fait voir des jeux plus capricieux que meurtriers ; mais parmi nous un lâche canonnier tue de loin le plus grand général de guerre, écrase un bataillon surpris ; environné d'une vapeur épaisse qui lui dérobe les objets, il n'aperçoit pas lui-même toute la destruction qu'il cause.

Ne doit-on pas frémir, lorsqu'on voit les géomètres accourir au milieu des batailles et tracer d'une main indifférente les moyens d'anéantir une partie de l'humanité ?

O Dieu ! ô créateur de l'univers ! Quoi, c'est là l'homme ? quoi cette belle créature que la nature avait douée d'un cœur tendre, d'une âme sensible, d'un front plein de splendeur qui sourit vers le ciel, qui conçoit, qui nourrit et les douces émotions de la pitié et les transports généreux de la bienfaisance, qui sait admirer et la vertu et la grandeur d'âme, qui sait pleurer; quoi, c'est sa main qui plante l'étendard de la victoire sur des monceaux de cadavres, avec une joie odieuse et triomphante ! Quels tableaux affligeans ! Quel horrible trophée! O mes frères ! O mes amis ! Ah! laissez-moi pleurer sur vos crimes, sur vos malheurs. Qu'elle est donc votre conquête ? Je ne vois que du sang et des larmes. A quoi se réduit votre triomphe? Le pillage, l'incendie, la corruption des mœurs, etc. n'enrichissent point, les larmes du genre humain ne feront jamais un heureux; et ce que l'ambition emporte dans sa course effrénée, fuit des mains de l'usurpateur.

Regardez cet ami fidèle, triste, morne, abattu ; le bonheur n'est plus pour lui; penché vers la terre, il semble lui redemander l'ami dont il l'a privé; regardez ces visages pâles et livides, où la douleur et la rage sont peints en traits hideux ; examinez ces jeunes amantes, pour lesquelles la félicité semblait être faite, naguère sur leurs fronts, avec la candeur du bel âge, siégeait l'aimable pudeur et les grâces de l'innocence ; pour elles maintenant la vie est un fardeau ; la pâleur du désespoir a remplacé les roses et les lis, elles

se consument en plaintes inutiles ; elles appellent
en vain un époux, un amant.... Napoléon les a
divisés pour toujours ; de tous côtés des familles
démembrées poussent des sanglots lamentables,
et n'ont point achevé le terme de leur deuil ; par
toute la terre vous avez entendu la désolation,
les angoisses et la mort : hélas ! elle n'est plus
qu'un vaste tombeau. Eh ! quel citoyen accablé de
l'arbitraire n'a pas alors regretté l'ancien régime !
Les rois, disait-il dans sa douleur, étaient des
hommes et faisaient justice, et cet homme, qui s'est
revêtu de la toute puissance, se met au-dessus
des lois ; on n'a donc renversé le trône que pour
élever l'anarchie ; voté la mort du monarque que
pour dominer ? Nous avions un roi bon (1) qui

---

(1) Quand le plus honnête des rois, voulant remédier au
désordre de ses finances, assembla la nation pour en saisir
et découvrir les moyens ; c'était un père dans l'embarras,
qui rassemblait autour de lui ses enfans pour converser en-
semble sur ce qu'il conviendrait de faire, afin de rendre à
chacun ce qui lui était dû, et remplir d'une manière ou
d'autre ses engagemens d'honneur et de conscience.
Souvenons - nous que ce fut l'unique et principal but
que se proposa le monarque en convoquant son peuple ?.....
Le moins défiant des rois eût-il alors songé que ce qui devait
sauver l'empire, menaçait d'en entraîner la chûte ! Que des
sujets assemblés pour liquider les dettes de l'Etat en contrac-
teraient de nouvelles, feraient et souffriraient des dilapida-
tions excessives et monstrueuses !.. Eût-il songé qu'un Sénat
plein de lumières ne ferait que jeter d'épaisse ténèbres sur la

s'est laissé égarer par des méchans qui, en causant sa perte, ont fait tous nos malheurs, et le sang français coule; ah ! nous sommes bien les grenouilles de la fable; mais maintenant que le Gouvernement est remis en des mains habiles et vertueuses, tout respire sous le soleil de la liberté, par l'espoir du bonheur et du rétablissement total d'une parfaite justice. Oui, Louis-le-Désiré fera le bien, et tous les cœurs se tourneront vers lui.

Lisez le discours, (1) que le Roi, du haut de son trône, a prononcé au Corps législatif, environné des grands corps de l'Etat et des représentans de la nation; vous saurez apprécier tous vos droits; il a imposé silence à la haine, à la discorde, à la vengeance, et par un pardon généreux il a tout effacé. Ce n'est pas assez pour son amour, il semble vouloir vous contraindre à consommer votre propre bonheur; rappelé dans ses états par

---

surface de son royaume, et au lieu de l'étayer et affermir dans les circonstances qui semblaient le faire chanceler, au lieu de lui redonner son ancienne spendeur, lui lancerait une secousse capable de le renverser ; qu'enfin, on disputerait la souveraineté à des monarques qui la possédaient depuis au moins quatorze siècles.

Non : il n'eut pas ces pensées. La colombe fidèle se défie-t-elle jamais de l'ennemi qui tend des appâs à sa simple candeur, et n'attend qu'un instant favorable pour fondre sur elle et la dévorer ?

(1) Voir le moniteur du 5 juin 1814.

les vœux unanimes de ses peuples, il ne doit qu'à vous-même, à vos regrets, à votre amour, à nos augustes alliés, le rétablissement de son trône ; Dieu lui ordonne d'y monter, et il sait lui obéir ; ses droits l'y appellent pour y travailler au bonheur de la France, et ce motif enflamme son courage. Déjà il a corrigé les vices qui existaient dans le régime de l'administration publique ; il a rétabli le culte de la religion, et l'autorité royale a recouvré la plénitude de ses droits.

Quand au respect, l'ordre établi par la Providence, qu'on rend d'abord à Dieu l'hommage pur et sincère qui lui est dû, qu'on rend à César, ce qui appartient à César, honneur à qui est dû l'honneur, on est à l'abri des vexations sans nombre, sous lesquelles la France a eu à gémir si long-temps.

Vainement on vous promit le bonheur : je vous le dis, il ne pouvait éclore sous un gouvernement où on affichait le mépris de la religion, l'avilissement des puissances, la persécution des justes, l'accablement de tous....

Qu'il serait vaste à parcourir le champ de nos calamités ! ah ! s'il m'était donné de pouvoir en tracer une vive et fidèle image, qu'elle tristesse je porterais dans les âmes sensibles ! Comme je navrerais de peines et de douleurs tous les cœurs !... Que de sanglots et de soupirs naîtraient.

à la vue des sacrilèges faits dans les temples de Dieu.

La religion se mêle à toute l'histoire du royaume de France, et cependant on s'est permis d'écrire contre elle, (1) elle est écrite dans tous les monu-

----

(1) Voir un ouvrage intitulé : *Un nuage se forme dans l'horizon, ou des signes précurseurs du fanatisme religieux.*

« Voici quelques fragmens de cet ouvrage. Français ! dit l'auteur, veillons sur nos plus chers intérêts ! *Ce nuage noir qui se forme à l'horizon, c'est le fanatisme religieux*; il porte avec lui un orage épouvantable, le dernier des maux qu'il nous restait à éprouver, et c'est le plus affreux.

» Ce monstre cherche à se rallier à la religion, dont il est le plus dangereux ennemi ; il emprunte son langage, ses formes, ses habits ; il affecte pour sa gloire et pour ses progrès un zèle sans bornes et à toute épreuve ; il se présente confondu avec ses ministres saints : c'est un piège perfide, quand il vous aura séduit par ses dehors trompeurs, il fondra sur vous, comme un vautour fond sur sa proie pour la déchirer et la dévorer.

» Tyran des consciences, il vous enchaînera par les terreurs de la superstition, et il vous forcera de marcher avec lui à l'exécution de ses perfides desseins, etc.

» Jaloux de régner seul, il établira son empire sur les débris de vos droits les plus sacrés, etc.

» Hypocrite, souple et rampant, il se glissera jusqu'aux pieds du trône, et le ciel dans les yeux, il y soulevera toutes les tempêtes de l'enfer, etc. » Plus bas on lit : au bruit de la restauration du trône des Bourbons, dont la fatale hypocrisie trompa trop souvent la piété, (ici l'auteur par une note convient que c'est une vérité hardie ; mais, dit-il,

mens , elle est vivante dans ses ruines même , d'où elle semble élever une voix immortelle ; elle s'est affermie par les secousses qui auraient dû l'ébranler, et plus encore par les exils, les oppressions et les souffrances de ses ministres.

Rousseau n'avait peut-être pas si grand tort, lorsqu'il accusait les sciences d'avoir corrompu les mœurs et d'avoir altéré la foi. Ce n'est que depuis le débordement d'une multitude de livres sur toutes sortes d'objets que les esprits se sont gâtés ; on veut tout connaître, on veut tout approfondir et une curiosité scandaleuse et téméraire saisit avec une criminelle avidité tout ce qui peut égarer le cœur et l'esprit.

Qu'on ne croie point que les lectures sont indifférentes ; elles passent insensiblement dans notre substance et s'incorporent avec nous ; je juge d'un homme par ce qu'il lit habituellement, et je ne me trompe pas. Les personnes futiles aiment les ouvrages futils, les impies recherchent les œuvres des

---

il m'a suffi de croire qu'il était utile de la dire ;) et à l'arrivée d'un prince , dont la religion douce et éclairée, promet à la France le retour des mœurs avec celui des autels, le fanatisme , long-temps comprimé , a relevé sa tête hideuse ; il n'a pu cacher ses espérances ; nous avons vu ses sombres regards briller d'un rayon de joie féroce, déjà nous avons entendu ses accens furieux , retentir dans les temples de la paix et de la miséricorde , et appeler le ciel au secours de ses vengeances , etc, etc.

impies, les faiseurs de plamphlets, aiment à lire des pamphlets ; on se plaît à vivre avec ses amis.

– Le monde est rempli d'esprits malades qui n'ont point la force de digérer ce qu'on leur présente, ou qui n'aiment qu'à se nourrir de sophismes et de paradoxes. Le futil se communique de maison en maison avec une rapidité surprenante, et de-là il passe dans les têtes pour n'en plus sortir.

Fontenelle disait autrefois qu'on avait rélégué la philosophie dans les cieux, pour y arranger les étoiles et les planètes ; mais nous pouvons dire aujourd'hui qu'on l'en a tirée pour l'outrager, pour la mutiler et pour en faire un monstre qui n'a ni ordre ni raison. Qu'est-elle en effet cette philosophie sous la plume des écrivains à la mode, (1) sinon l'assemblage des idées les plus bizarres, des opinions les plus folles, des pensées les plus futiles ?

---

(1) Voir une brochure intitulée : Çà ne va pas, çà n'ira pas ; non, c'est le Chat ; par l'écrivain de la Lanterne Magique de la rue Impériale, et de N'en parlons plus et Parlons-en toujours.

Voici quelques phrases spirituelles et élégamment tournées de l'auteur du Chat. Nous ne verrons pas de beaux équipages à Longchamp, il n'y aura pas de fine partie à Bagatelle : non, c'est le Chat. Les actrices ne seront pas coquettes ; elles ne ruineront pas leurs amans ; il n'en cuira pas aux Anglais : non, c'est le Chat. Les abbés ne deviendront pas légers, spirituels et galans : non, c'est le Chat. Ah ! que tous ces Chats-là sont bêtes !

On nous donne des rêves pour des vérités , des sophismes pour des raisonnemens , des fables pour des histoires, de l'orgueil pour du savoir ; et voilà le fond de la substance d'une multitude de brochures dont nous sommes inondés dans Paris depuis la chûte de Napoléon.

Nos beaux esprits ont profité des heureux changemens survenus dans l'état politique de la France et le rétablissement de la royauté , pour décider , les uns en premier, les autres en dernier ressort sur ce que deviendra Buonaparte.

Ils écrivent si élégamment , ils parlent si agréablement , ils persiflent si joliment qu'il n'y a pas moyen de les soupçonner d'impéritie ou de mauvaise foi.

La vérité qu'ils annoncent ressemble à la lune, tantôt elle ne montre qu'un quart d'elle-même, tantôt une moitié et souvent elle ne paraît point ; les lecteurs, qui ne l'aperçoivent qu'à demi, s'abandonnent aux systèmes , aux conjectures ; ceux qui ne voient point du tout, enseignent toutes sortes d'erreurs.

S'il y a un Dieu , écrivait un auteur célèbre à M. le comte de **, il y a une vérité ; s'il y a une vérité elle est sur la terre, et si elle est sur la terre, il ne s'agit plus que d'examiner la religion qui enseigne la plus excellente morale , qui donne les plus hautes idées de la Divinité , et qui a pour garans des faits incontestables et des prodiges surprenans. Je parie pour la catholique; et tout le reproche qu'on pourra me faire, après cette discution, sera d'avoir parié à coup sûr.

Sans doute la force toute puissante de la religion est prouvée par l'expérience de tous les siècles, et sentie par le cœur de tous les hommes ; le besoin de la religion n'est pas moins sacré que celui de la paix. (1)

On élève contre ces grands résultats des objections déjà réfutées ; on suppose des abus et des bienfaits à la religion ! Eh ! de qui l'homme n'abuse-t-il pas sur la terre? Les erreurs et les maux du peuple ne sont pas toujours l'ouvrage de ceux qui le gouverne. Le peuple , qui est la dupe des mots , ne l'est jamais des choses ; tout est naturel dans la religion, tout gouvernement ne peut exister sans une religion ou un clergé , parce que tout gouvernement est l'ouvrage de la sagesse humaine et calculée sur la nature de l'homme , et que le gouvernement qui compte pour rien la religion , ne satisfait point la nature de l'homme.

____

(1) A Vitri-le-Français, un Jacobin , qui avait cru tuer sa conscience , en profanant des objets vénérés par les catholiques, vient de faire amende honorable aux pieds des autels; c'est devant ses concitoyens, les pieds-nuds, un cierge à la main, qu'il a demandé pardon à Dieu et aux hommes. Les victimes de ses fureurs pleuraient en le contemplant, et ces pleurs attestaient le pouvoir de la religion.

La religion est essentielle au maintien de l'éco-
nomie sociale , nécessaire au bonheur des indi-
vidus. Elle entretient dans les familles l'harmonie,
qu'elle établit dans les Etats ; c'est elle qui épure
nos affections, en leur donnant un motif réel, qui
nous conduit comme par la main dans les scènes
variées de la vie, qui nous forme aux vertus indi-
viduelles et sociales, nous reçoit dès le berceau,
et nous console sur le lit de mort. (1)

O temps de honte éternelle! jours qui semblaient avoir ramené le peuple le plus doux, le
plus belliqueux de la terre, à la férocité des peu-
plades les plus barbares! Les monumens de la
religion comme ceux des arts se changèrent en
bastilles; tous les moyens épouvantables de terreur

______

(1) Il est mort, sur la section de la Butte-des-Moulins, un
nommé Gobert, agent bien actif des Jacobins ; ce malheureux, au lit de la mort, a confessé tous ces crimes à ceux
qui l'entouraient. Dans les missions dont il était chargé
pour le Midi, il eut plusieurs fois celle d'assassiner des indi-
vidus qui lui étaient désignés, et jamais il ne manqua son
coup.

Ce scélérat, averti par la mort qu'il était un Dieu ven-
geur des forfaits, a demandé un prêtre ; ses amis lui ont en-
voyé un assermenté, il l'a refusé, et a exigé qu'on lui en fît
venir un qui n'eût pas trahi ses devoirs.

Si celui qui l'a entendu a pu lui donner l'absolution, il
faut avouer que les ministres d'un Dieu qui pardonne, en
faveur du repentir , des forfaits aussi grands, ne sont point
aussi vindicatifs que les philosophes le prétendent.

étaient mis en usage pour opprimer, égorger, détruire; la désolation faisait couler des torrens de larmes (1), les pierres sépulcrales de nos

(1) L'expérience du passé a dû vous instruire; nos infortunés encore récentes sont une leçon trop sévère pour que vous ayez pu oublier les abus oppresseurs sous lesquels la France a gémi si long-temps : vous étiez alors le peuple souverain, et le souverain était aux fers; on vous disait libres, et vous étiez esclaves. Vos constitutions, reléguées dans des chartes où elles mouraient sous les efforts de leurs violateurs, vous criaient d'aller dans vos sections leur choisir des libérateurs; leur voix encore impérieuse pour vous, excitait dans vos âmes le désir de leur trouver des défenseurs; les plus prudens d'entre vous se contentaenit de déplorer leur sort; des mouvemens plus généreux animant les autres vous faisaient surmonter les dangers que vous couriez : par d'inutiles précautions vous cherchiez compagnie, et vous vous acheminiez vers le lieu des élections au bruit du tumulte civique, dont vos oreilles étaient frappées; le frisson de la peur vous prenait, n'osant délibérer s'il fallait retourner ou avancer; crainte d'être soupçonnés de conspirer, vous vous hasardiez, et vous paraissiez dans les temples de la liberté, où vous n'osiez même soupirer. A peine étiez-vous aperçus qu'un sinistre coup de clochette, qui vous faisait tressaillir, tournait une multitude de regards ennemis sur vous. Embarrassés et confus, vous avanciez à pas de tortue; et, pour avoir l'air de ne pas perdre contenance, vous cherchiez à vous acoster de vos voisins qui vous repoussaient; enfin, un gros d'exclusifs députés, pour vous reconnaître, d'un ton brusque et rauque, vous demandait ce que vous veniez faire. — *C'est pour voter, répondiez-vous modestement.* — Sur quoi? — *Mais citoyens, sur*

familles furent déshonorées par d'infâmes courti-
sannes qui, promenées en triomphe, s'assirent sur

---

des patriotes, des honnêtes gens. Aussitôt un accès de fureur s'emparait des vieux patriotes de 89, de démagogiques
cris faisaient retentir les murs, d'abas les chouans, les aristocrates, les royalistes, les honnêtes gens ! les cabaleurs
vous accusaient de cabale; les brouhaha qui vous accueil-
laient vous permettaient pas de repliquer, des poumons
d'Hercule vociféraient de toutes parts les cris de vive la
nation ! vive la liberté ! à bas les aristocrates, les honnêtes
gens ! vive le gouvernement révolutionnaire ! à bas les
églises et pas de bon Dieu ! dehors, à la porte, chassez; la
cohue etait extrême. Déjà vous aviez été poussés et repous-
sés ; vous faisiez tous vos efforts pour vous tirer d'embarras ;
mais il ne vous était pas permis de vous en retourner sans
rien emporter, la foule vous retenait. Aux apprêts que vous
voyez, vous alléguez vos droits qu'à travers un crêpe funèbre
vous remarquiez écrits sur une pancarte ensanglantée. On
riait de votre ignorance ; et pour former votre éducation,
et vous apprendre que les mots ne sont pas les choses, une
patriotique vengeance se disposait à vous donner une leçon
de l'exercice des droits de l'homme. Aux hurlemens de la
fureur se joignaient les cris de la rage ; des bras nerveux
levaient de gros vilains bâtons qui vous retombaient sur le
dos, les bras, les mains et les pieds : tout s'exerçait sur vos
pauvres corps. Vos chapeaux d'un côté, vos perruques de
l'autre; vous ne songiez qu'à gagner la porte par où vous
étiez malheureusement entrés. Dehors, les huées vous pour-
suivaient : alors vous vous refugiez dans la première allée
venue, pour réparer le désordre de vos habits tous frippés ;
vous essuyez le sang qui ruisselait de vos égratignures,
frottiez vos contusions, tatiez vos solutions de continuité,

le marbre de nos autels! France! o ma patrie! Comme tu étais dans la désolation!

Sans doute il est des crimes qu'aucune prudence humaine ne peut prévoir ni empêcher. La religion seul peut les atteindre.

L'injustice appésantit-elle sur nous son bras de fer? La religion est notre appui. Elle remet l'équi-

---

et tout honteux de vos affrons, vous reveniez au logis rapporter votre pauvre souveraineté, bien secouée, bien houspillée et bien étrillée, refléchir sur les revenus attachés aux droits de l'homme et du citoyen.

Ce serait un reproche immérité de vous accuser d'avoir été les complices de nos malheurs publics; mais aujourd'hui que la raison qui éclaire notre heureuse patrie, a métamorphosé tous ces souverains en un peuple de frères que la justice dirige, et que la sagesse d'un bon gouvernement protège; vous êtes heureux, les méchans seuls ne sont plus libres de tout immoler; vos propriétés, et vos personnes ne sont plus livrées à la merci du plus téméraire, ou à la fureur du plus scélérat. C'est sous l'empire des lois que vous êtes vraiment libres : leur domination douce et aimable fait votre félicité. Vos droits sont certains, vos devoirs sont réglés, les magistrats veillent contre les atteintes de la perversité, l'ordre est rétabli, la religion, la justice, la paix, l'harmonie régnent, et tout respire sous un gouvernement protecteur, qui sait faire chérir son autorité : environné de votre estime et de votre confiance, il a gagné votre amour et su mériter votre respect et votre reconnaissance.

O mes concitoyens, combien il en est digne! Remarquez, jusqu'où va sa sollicitude pour vous : N'est-ce pas celle d'un père tendre qui craint que ses enfans ne s'égarent?

libre entre le faible et le puissant; *elle peut même*
élever l'opprimé au dessus de l'oppresseur. Elle
donne à celui-ci des remords secrets, une crainte
vague et terrible, qui surpassent les châtimens de
la justice humaine; elle soulage la victime par une
espérance sainte, infinie, indépendante de tout ce
qui l'environne. Le sage, ramené par cette espérance inappréciable, refuse de rompre ses fers,
et, l'œil fixé sur le breuvage de la mort, il dit à ses
amis en pleurs : « Consolez-vous; il existe là haut
un Dieu qui punit et qui récompense. »

Mais trop confians dans nos lumières acquises,
fier de l'état de perfection où nous sommes arrivés,
nos beaux esprits s'imaginent que, sans aucun
danger pour le bonheur commun, nous pourrions
désormais renoncer à tout ce qu'ils appellent pré-
jugés antiques, et nous séparer brusquement de
tout ce qui nous a civilisés.

Si les institutions religieuses peuvent inspirer
du fanatisme, c'est par le ressort prodigieux
qu'elles donnent à l'âme; et dès-lors il faut convenir
qu'elles ont une grande influence, et qu'un gouvernement humain a intérêt de les protéger.

Je conçois qu'avec une imagination vive, avec
une âme faible, ou avec un esprit peu éclairé, on
peut être superstitieux dans les choses religieuses.
Il n'est pas même contradictoire d'être à la fois
impie et superstitieux; mais nous n'avons pas à

craindre le retour du fanatisme : nos mœurs, nos lumières supérieures, empêchent ce retour. Honorons les lettres, cultivons les sciences, en respectant la religion, et nous serons philosophes sans impiété, et religieux sans fanatisme.

L'avilissement des écrivains à la mode, vient de leur folle ardeur à vouloir faire imprimer tous leurs rêves ; on a dégradé la littérature et l'impression par des milliers de brochures aussi obscènes qu'extravagantes ; on fait gémir le public, après avoir fait gémir la presse. De ce désordre il arrive que les bons ouvrages sont étouffés par les mauvais, et que des écrivains solides et judicieux ont le chagrin de se voir confondus avec un tas *d'écrivailleurs* qui n'ont, ni décence, ni raison.

Ceux qui imputent aux prêtres les malheurs de la France sont des monstres ; tous n'ont pas été, sans doute, ce qu'ils devaient être (1). Mais je soutiens que parmi ceux que nos faiseurs de pam-

---

(1) Un curé constitutionnel de Caen, qui prêta serment pour une somme de 3,000 francs, à toucher tous les ans, prétendait que ce n'était pas jurer en vain que de jurer pour 5,000 fr. de rente. Il eut l'impudeur d'écrire contre les plus brillantes lumières du royaume, contre les princes de l'église, les chefs de la religion, contre la doctrine de J.-C., et celle des apôtres, et ce, au grand scandale des vrais fidèles, à la satisfaction des impies, à l'applaudissement des scélérats. Ce diffamateur scandaleux et impudent, s'effraya lui-même de sa conduite ; il termina sa vie infâme dans le désespoir.

phlets oppriment si inhumainement, pas un peut-être ne leur a donné de pernicieux conseils ; que tous leur donnèrent bon exemple, ne leur enseignèrent qu'à louer et servir le Seigneur, à honorer la religion de leur père, à respecter les rois et leur être fidèles... De pareilles leçons, peuvent-elles donc inspirer le carnage ? N'attribuez plus à la religion les horreurs qu'elle condamne ! Cessez d'abhorrer les prêtres, vous ne pouvez les haïr si vous aimez Dieu. Voyez en eux vos semblables, auxquels on n'a pu reprocher que leur fidélité, leur constance envers Dieu, leur soumission à l'église, et leur amour pour leur bon roi.

Dieux des cieux ! Vous savez combien de fois ils vous ont confessé dans leur cœur, que la mort, oui, la mort aurait été pour eux sans amertume, si seulement elle eut pu ramener des jours purs et tranquilles, l'ordre et la paix dans leur patrie !

O vous généreux Français, mes jeunes amis ! vous l'espoir et l'honneur de la patrie, vous qui ne savez point haïr, peuple aimable autant que bon. Cessez de vous aveugler, chassez de votre sein cette horde *d'écrivailleurs* et jugez des causes par les résultats.

Les étrangers, chez lesquels Buonaparte a porté le fer et la flamme, dit l'auteur d'A bas la Cabale, dont il a ravagé le pays, rendent justice à sa valeur ; et nous lui refuserions le tribut d'éloges qu'il mérite !

La France est remplie de monumens qui attestent le génie de Buonaparte, dit le même auteur ; ces quais superbes qu'on admire dans la capitale, ces belles fontaines, ces ponts, ces grands chemins, ces canaux, (1) ouvrages aussi utiles que magnfiques, ils sont là et parleront long-temps en sa faveur...

Sans doute que si cet auteur, qui assure n'avoir jamais vu Buonaparte, eût connu dans quel état il a réduit la France, ne se serait pas exprimé ainsi à son égard. Cependant l'auteur de guerre aux Pamphlets ou Appel à la Postérité, qui connaît ou

---

(1) De grandes entreprises ont été formées, quelques-unes par des motifs de véritable utilité ; beaucoup d'autres par ostentation ou dans des vues où n'entrait pour rien le bonheur de la France, tandis que des routes magnifiques s'ouvraient sur nos frontières, les routes de l'intérieur étaient négligées ; et les chemins vicinaux abandonnés aux communes qui n'avaient pas assez de fonds pour les entretenir en bon état, se sont fort détériorés.

Une arriéré de plus de vingt-huit millions existe aux Ponts-et-Chaussés, et, cependant cette administration se trouve chargée de tous les travaux extraordinaires qu'occasionnent les désastres de la dernière campagne ; trente ponts principaux ont été rompus ou brûlés, une réparation provisoire et seulement en bois, coûtera 1,800,000 francs ; on ne peut connaître encore l'étendue des dégradations qu'ont essuyé les routes et le montant des sommes qu'il faudra y consacrer pour les remettre en état ; mais on peut assurer d'avance que cette dépense sera très-considérable.

doit connaître la situation du royaume, n'en a pas moins à l'exemple de la Cabale et du Cabaleur, ressassé la même idée : d'irrésistibles victoires et ces magnifiques monumens ; dit - il, ces institutions utiles dont Paris et la France ont reçu le bienfait, attestent le génie de Napoléon. (1)

C'est ainsi que de déplorables comptes attestent

(1) Faire sur toutes les côtes l'étalage d'une puissance factice, paraître méditer des projets gigantesques, tandis que les moyens, dans leur exagération même, étaient insuffisans ; ne voir dans les hommes de mer que des recrues éventuelles pour l'armée de terre ; voilà le système constamment suivi par le gouvernement qui vient de finir, et qui a amené l'anéantissement de la population maritime, et l'entier épuisement de nos arsénaux. Les représentations des hommes les plus sensés, des maris les plus expérimentés, l'évidence matérielle même, furent toujours vaines pour arrêter ces folles entreprises, ces mesures violentes qui appartenaient à un plan de domination oppressive dans toutes ses parties.

Les grands travaux exécutés à Cherbourg avec tant de succès, la belle escadre de Toulon, présentent seuls des résultats utiles ; ailleurs on n'aperçoit que fautes, qu'imprévoyances.

Tous nos arsénaux sont entièrement démunis ; on a dissipé cet immense mobilier naval que Louis 16 avait soigneusement fait préparer lors de la paix de 1783, et depuis quinze ans, la France a perdu en expéditions mal conçues, mal combinées, quarante-trois vaisseaux, quatre-vingt-deux frégates, soixante-seize corvettes et soixante-deux bâtimens de transport ou aviso, que l'on ne remplacerait pas avec 200 millions. Voir l'exposé de la situation du royaume.

que, pour créer et voir se détruire cette flotille monstrueuse, plus de 150 millions ont été sacrifiés depuis 1805 jusqu'à ce jour. C'est ainsi que tout atteste le génie de Napoléon, que ces belles combinaisons et expéditions maritimes et militaires, parleront en sa faveur....

Ce qui peut excuser ces misérables auteurs et tant d'autres , c'est qu'ils confondent tout , ne prouvent rien et souvent se contredisent, et qu'en croyant faire l'éloge de Napoléon , ils lui ont eux-mêmes dit des injures sans s'en apercevoir, ainsi :

> Un auteur novice a répandu de l'encens ,
> Souvent à son héros dans un bizarre ouvrage,
> Donne de l'encensoir à travers du visage.

Les établissemens même les plus salutaires en apparence, la construction des monumens qui ont caractérisé le gouvernement de Buonaparte, le génie des ministres, des sénateurs , préfets , sous-préfets commissaires spéciaux, auditeurs, qu'il éut le talent de choisir et d'employer, ainsi que la création des cours impériales prévôtales , et les tribunaux des douanes ne furent consacrés que pour servir sa splendeur et son ambition ; il fut en un mot superbe dans le développement de sa puissance, inhabile dans sa politique et dans la connaissance des hommes , héros magnanime dans la victoire , conquérant illustre à force d'hommes (1) em-

____

(1) Il est impossible d'évaluer l'effroyable consommation

ployant presque toujours des moyens gigantesques
pour devenir vainqueur, digne du nom de grand

---

d'hommes qu'a fait le dernier gouvernement ; les fatigues
et les maladies en ont enlevé autant que la guerre : les
entreprises étaient si vastes et si rapides, que tout était
sacrifié au désir d'en assurer les succès ; nulle régularité
dans le service des hôpitaux, dans l'approvisionnement des
ambulances : ces braves soldats, dont la valeur faisait la
gloire de la France, qui donnaient sans cesse de nouvelles
preuves de leur énergie et de leur patience, qui soutenaient
avec tant d'éclat l'honneur national, se voyaient délaissés
dans leurs souffrances, et livrés sans secours à des maux
qu'ils ne pouvaient plus supporter. La bonté française était
insuffisante pour suppléer à cette négligence cruelle, et des
levées d'hommes qui, autrefois auraient formé des grandes,
armées, disparaissaient ainsi sans prendre part aux combats.
De-là, la nécessité de multiplier le nombre de ces levées,
de remplacer sans cesse par des armées nouvelles, des armées presque anéanties ; l'état des appels ordonnés depuis
la fin de la campagne de Russie est effrayant.

11 janvier 1813.	350,000 d'hommes.
3 avril, Gardes-d'honneur . . .	10,000
Premier ban des Gardes nationales.	80,000
Gardes nationales pour les côtes. .	90,000
24 août, armée d'Espagne.	50,000
9 octobre, Conscription de 1814 et	
antérieure...	120,000
Conscription de 1815.	160,000
15 novembre, rappel de l'an 11 à 1814.	500,000
Janvier, 1813, offres de cavaliers. .	
équipés.	17,000
1814, levées en masse organisées.. .	143,000
Total	1,390,000

aux yeux de la vanité et de la flatterie ; mais il ne fut point un grand roi puisque nous fûmes malheureux. Ses lauriers furent inondés de nos larmes, ses palais enrichis de nos propres fortunes , et pendant que ses armes répandaient partout la terreur et augmentaient l'étendue de sa domination, l'intérieur de l'Etat dépérissait journellement ; enfin l'amour dépravé du luxe et de la grandeur qui le favorise, furent les tristes suites de l'oppression la plus tyrannique et la plus inhumaine sous laquelle il nous fit gémir.

> Tôt ou tard l'orgueilleux succombe ; une force supérieurs
> L'abat et le terrasse. Voyez le typhée aux cent têtes ,
> Il est tombé sous les coups de la foudre.

Cette passion immodérée , dont la fatale influence a successivement amené jusqu'à nos jours la chûte des plus grands empires, avait déjà répandu depuis long-temps le premier souffle de la contagion sur les esprits; elle a gagné toutes les conditions , elle a infecté l'Etat entier et perverti les mœurs.

La vertu n'établit son règne et sa splendeur

---

heureusement ces dernières levées n'ont pu être complètement exécutées ; la guerre n'a pas eu le temps de moissonner tous ceux qui avaient rejoint les drapeaux ; mais ce seul exposé des réquisitions exercées sur la population dans un intervalle de 14 ou 15 mois , suffit pour faire comprendre ce qu'on dû être depuis 22 ans les pertes de la nation.

Extrait du discours de Son Excellence monseigneur l'abbé de Montesquiou. Voir le Moniteur du 13 juillet.

que sur les triomphes des passions, et il en coûte
à l'humanité pour les subjuguer ; il semble qu'il
est plus facile de s'abandonner à leurs mouvemens, de satisfaire avec profusion leurs désirs.
Les richesses n'ont servi que pour ces blâmables
excès et plus les grands ont pu en prodiguer, plus
ils ont imaginé croître en honneur au dessus de
leurs inférieurs.

Telle a été l'orgueilleuse ambition de Napoléon ;
il voulu prendre une supériorité victorieuse, et il
y mit ce caractère qui porte l'empreinte de son
génie malfaisant. De-là ces fêtes splendides, où la
magnificence étala ses trésors ; de-là ces monumens superbes, ces jardins enchantés, de-là ces
emblêmes et ces devises fastueuses, ces cohortes
nombreuses et éclatantes qui environnèrent sa
personne, de-là cet appareil imposant, de-là enfin
des impôts de plus en plus onéreux, une augmen-
tation prodigieuse dans la cherté du pain (1) et des

(1) Tout le monde connaît les malheureux événemens,
arrivés dans différens départemens, lors de la disette de 1812,
et notamment dans le Calvados. Ce n'est que depuis les
heureux changemens survenus dans l'état politique de la
France, et le passage de son Altesse Royale, monseigneur
le duc de Berry, que les malheureuses victîmes de la ca-
lomnie condamnées à la mort et aux fers, ont obtenu de
ce prince si chers aux Français leur grâce et leur liberté

La ville de Caen sollicita cette grâce dans le courant
d'août 1815, de l'archiducesse Marie Louise, qui se rendait

denrées de toutes espèces ; tels ont été les moyens d'é-
lever et de soutenir, jusqu'au moment de sa chûte,
cet énorme édifice de grandeur ; tels ont été les suites fatales du faux système adopté par la vanité.

Non, ce n'est point à un moment d'erreurs,
mais à la réunion d'une foule de causes primor-
diales et sécondaires, qu'il faut attribuer les
malheurs dont la patrie a eu à gémir sous le gouvernement qui vient de finir : c'est par l'ivresse in-
séparable du haut degré d'orgueil et de vanité, où
était parvenu Buonaparte ; c'est par ces tentatives
irrésistibles sans cesse offertes à son imagination ;
c'est par l'essor des passions trop fermentantes au
milieu d'un luxe insultant ; c'est par cette ambition
immodérée des richesses et des grandeurs, cette
manie de la profusion, cet aveugle amour des
fausses jouissances, que vient de se renverser sous
nos yeux cet empire gigantesque ; voilà comment,
après un long éblouissement la nation la plus
nombreuse, la plus brave, la plus brillante, la plus
commerçante et la plus amoureuse de gloire, s'est
trouvée à la fois, exposée aux plus grands dangers
et rassurée contre la perspective d'un avenir
effrayant.

à Cherbourg pour l'ouverture de l'avant-port ; à sou retour
elle fit part à Buonaparte de la réclamation qui lui avait été
faite ; elle tomba à ses genoux, lui demanda grâce pour ces
malheureux. Ce qui lui fut refusé.

Quel est ma satisfaction d'exprimer en ce jour les sentimens de mon cœur et en même temps de pouvoir interpréter ceux qui animent les gens de bien ; ils sont passés et vont être ensevelis dans l'oubli ces jours de douleur et d'amertume, des plus beaux jours renaissent enfin, le peuple sensible au bonheur de posséder Louis-le-Désiré, ce bon roi si chéri des Français, qui n'a d'autre passion que de faire le bonheur de ses fidèles sujets, dont il est adoré, d'entreprendre, après un mûr examen, et d'exécuter avec une volonté inébranlable, ce que ne purent les tyrans et la tyrannie, de mettre de l'harmonie entre toutes les parties du corps politique ; d'en perfectionner l'organisation et de poser enfin les fondemens d'une prospérité inaltérable.

C'est pour y parvenir que le meilleur des rois , le vrai père de la patrie (1) s'arrêtant à l'idée la plus simple et la plus naturelle , celle de l'unité de principes , qui est le vœu de la justice et la source du bon ordre ; il en a fait l'application aux objets les plus essentiels de son royaume , et s'est assuré par une longue méditation sur les conséquences qui devaient en résulter ; souverain protecteur des églises et du clergé de son royaume, le roi a rétabli le culte de la religion si nécessaire au bonheur de ses peuples.

____

(1) Grandeur d'âme, prudence, érudition , clémence, piétié , Dieu, paix et justice. Voilà le portrait de Louis-le-Désiré.

Daigne le ciel nous conserver un roi si digne de l'être, un roi aussi judicieux qui rempli de bonté, qui nous assure le maintien des lois douces et humaines, qui met en sureté les intérêts de la France, et banni le désordre et la confusion, y rétabli la paix et la tranquillité, tarit nos larmes, répand la joie dans tous les cœurs, et nous pénètre de la plus vive reconnaissance. Qu'il règne cet illustre monarque, et que la postérité la plus éloignée publie ses bontés infinies.

Ce doux espoir luit au fond de nos cœurs. Le voile qui couvrait nos yeux est déchiré, les dures leçons de l'expérience nous ont instruits à regretter des biens que nous avons perdus; l'univers se lève aux doux accens de la paix, il romp ses chaînes et la renommée publie les bienfaits de nos augustes libérateurs.

Déjà les sentimens religieux, qui se manifestent avec éclat dans toutes les provinces du royaume et dans la capitale, retracent aux yeux édifiés, l'image des beaux siècles de l'église; déjà ce beau mouvement de nos cœurs toujours français, qui nous ramène à notre roi légitime, annonce que nous sentons le besoin d'être gouvernés par un père.

Vive le roi! vivent les Bourbons!
Vive madame la Duchesse d'Angoulême.

CRÉPIN.

De l'Impr. de CHARLES, rue Dauphine, n° 36.